LAS ANTIGUAS CIVILIZACIONES

LA ANTIGUA CHINA

DANIEL R. FAUST
TRADUCIDO POR ALBERTO JIMÉNEZ

Gareth Stevens PUBLISHING

ENCONTEXTO

Please visit our website, www.garethstevens.com. For a free color catalog of all our high-quality books, call toll free 1-800-542-2595 or fax 1-877-542-2596.

Cataloging-in-Publication Data

Names: Faust, Daniel R.
Title: La antigua China / Daniel R. Faust.
Description: New York : Gareth Stevens Publishing, 2019. | Series: Las antiguas civilizaciones | Includes glossary and index.
Identifiers: LCCN ISBN 9781538236666 (pbk.) | ISBN 9781538236680 (library bound) | ISBN 9781538236673 (6 pack)
Subjects: LCSH: China—Civilization—To 221 B.C.—Juvenile literature. | China—Civilization—221 B.C.-960 A.D.—Juvenile literature.
Classification: LCC DS741.65 F385 2019 | DDC 931—dc23

First Edition

Published in 2019 by
Gareth Stevens Publishing
111 East 14th Street, Suite 349
New York, NY 10003

Translator: Alberto Jiménez
Editor, Spanish: María Cristina Brusca
Designer: Reann Nye

Photo credits: Series art (writing background) mcherevan/Shutterstock.com, (map) Andrey_Kuzmin/Shutterstock.com; cover, p. 1 aphotostory/Shutterstock.com; p. 5 simpletun/Shutterstock.com; p. 7 Vixit/Shutterstock.com; p. 9 ekler/Shutterstock.com; p. 11 (top) Chatrawee Wiratgasem/Shutterstock.com; p. 11 (bottom) beboy/Shutterstock.com; p. 13 Purplexsu/Shutterstock.com; p. 15 Ismoon/Editor at Large/Wikipedia.org; p. 17 Carlos Amarillo/Shutterstock.com; p. 19 360b/Shutterstock.com; p. 21 TonyV3112/Shutterstock.com; p. 23 beibaoke/Shutterstock.com; p. 25 Erena.Wilson/Shutterstock.com; p. 27 aminphotoz/Shutterstock.com; p. 29 Siegfried Layda/Photographer's Choice/Getty Images.

Printed in the United States of America

CPSIA compliance information: Batch #CW19GS: For further information contact Gareth Stevens, New York, New York at 1-800-542-2595.

CONTENIDO

Las palabras del glosario se muestran en **negrita** la primera vez que aparecen en el texto.

LA CIVILIZACIÓN MÁS ANTIGUA DEL MUNDO

La civilización china es diferente a otras civilizaciones antiguas, porque casi todas perdieron su cultura, o forma de vida, debido a las invasiones y conquistas extranjeras. Sin embargo, aunque China también fue conquistada, sus conquistadores influyeron muy poco en su cultura.

Si quieres saber más

En la China moderna, la cultura es casi igual que en la antigua. Por eso continuamente se dice que la civilización china es la más antigua del mundo.

MONTAÑAS Y DESIERTOS

Durante la mayor parte de su historia, China ha estado **aislada** a causa de sus montañas y desiertos. Estos grandes y peligrosos accidentes geográficos dificultaron las invasiones extranjeras. Los desiertos del oeste y del norte de China están ¡entre los mayores del mundo!

Si quieres saber más

A lo largo de la frontera sur de China está la cordillera del Himalaya, con algunas de las montañas ¡más altas del mundo!

EL RÍO AMARILLO

El río Amarillo, o Huang He, al norte de China es el segundo más largo del país. El río Amarillo también se conoce como la **cuna** de la civilización China. Hace miles de años, los antiguos pobladores se establecieron en los márgenes del río Amarillo, donde construyeron aldeas y granjas.

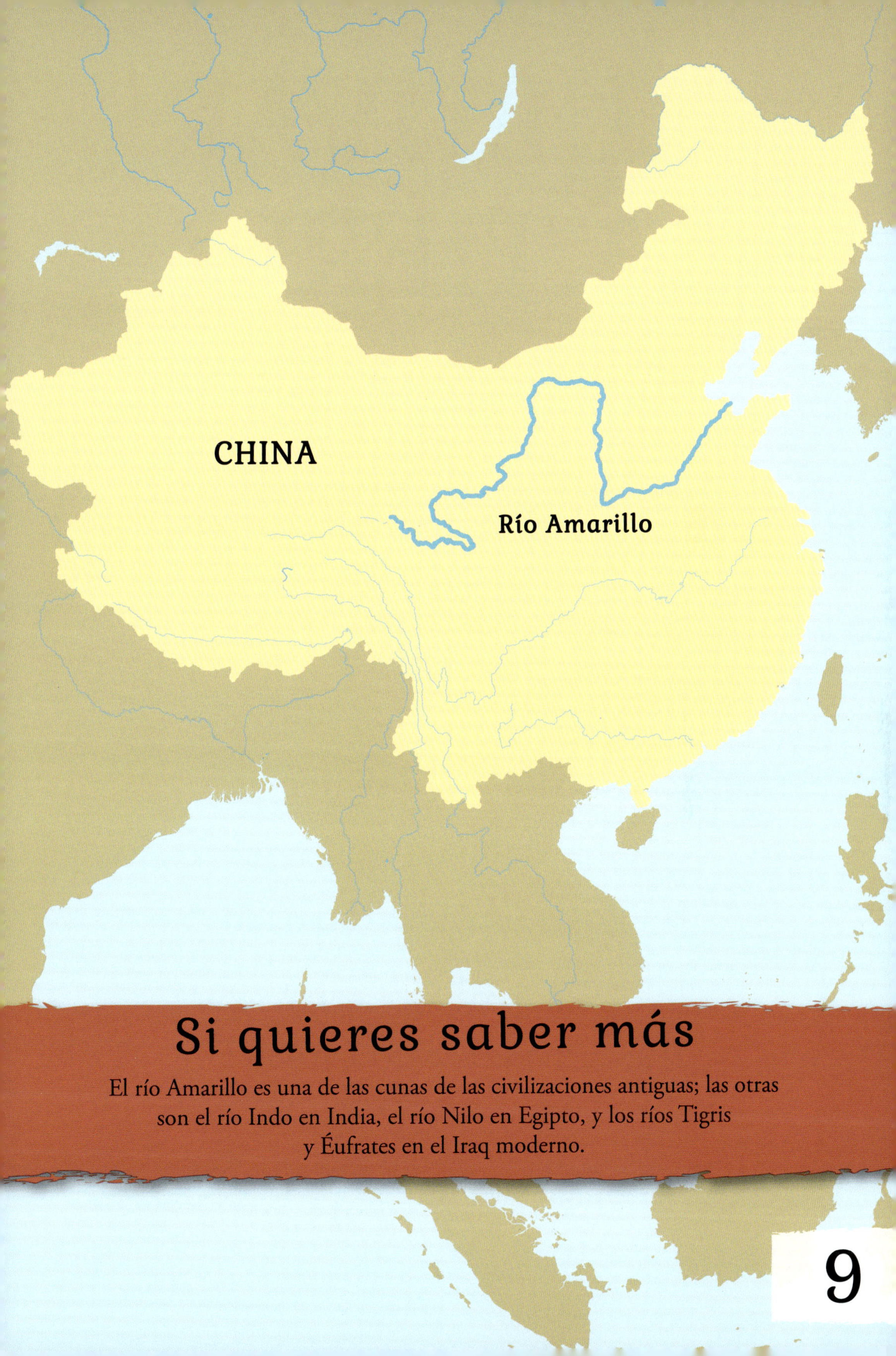

Si quieres saber más

El río Amarillo es una de las cunas de las civilizaciones antiguas; las otras son el río Indo en India, el río Nilo en Egipto, y los ríos Tigris y Éufrates en el Iraq moderno.

CULTIVAR LA TIERRA

China tiene pocas tierras de labranza. Los antiguos agricultores construían terrazas en las laderas montañosas para sembrar sus cultivos; este sistema se llama cultivar en bancales y aún sigue vigente. También utilizaron campos inundados, llamados humedales, a fin de crear zonas para cultivar arroz (arrozales).

Cultivo en bancales

Si quieres saber más

Los primeros cultivos de China fueron el arroz y el mijo, un tipo de cereal. Para alimentar a la enorme población del país, los agricultores tuvieron que cultivar muchos alimentos.

Arrozal

EL ASCENSO DE LAS DINASTÍAS

Hasta principios de 1900 (Siglo XX), China estuvo gobernada por dinastías. La dinastía es una serie de gobernantes que pertenecen a una misma familia. Algunas de estas familias creían que el mandato, u orden oficial, procedía del cielo. Por eso era el cielo quien otorgaba al **emperador** el derecho de gobernar.

Si quieres saber más

Según algunas fuentes, la dinastía Xia fue la primera que gobernó China. La **leyenda** dice que esta dinastía fue fundada por Yu, un hombre que salvó al país al librarlo de las aguas de una gran inundación.

La primera dinastía en dejar **utensilios** fue la Shang, que gobernó aproximadamente del 1600 al 1046 a. C. La gente de la dinastía Shang tenía una cultura avanzada. Usaron un metal llamado bronce para fabricar armas, herramientas y objetos religiosos.

Herramienta de bronce de la dinastía Shang

Si quieres saber más

Se han encontrado más de 100,000 huesos y conchas de la dinastía Shang. Estos objetos religiosos contienen la forma más antigua que se conoce de la escritura china.

Después de la dinastía Shang vino la dinastía Zhou, que duró del 1046 al 256 a. C. Durante este período, se empezó a usar el hierro para fabricar herramientas y armas. La evolución de la agricultura se hizo más fácil y aumentó el número de habitantes en el país.

Si quieres saber más

La dinastía Zhou fue la más duradera de la historia china. Durante este período vivieron muchas personas importantes, ¡incluyendo a Confucio!

EL PRIMER IMPERIO

La dinastía Qin, que comenzó en el 221 a. C., **unificó** a China por primera vez. Se cree que de la palabra Qin, que suena "chin", procede el nombre moderno de "China". El primer emperador de esta dinastía conectó las murallas construidas alrededor del imperio. Estas murallas eran partes antiguas de lo que ahora se conoce como la Gran Muralla China.

Si quieres saber más

Al finalizar la dinastía Qin, la Han subió al poder. Durante la dinastía Han, China vivió una **edad de oro** con grandes avances en el arte y la ciencia.

CONFUCIANISMO Y TAOÍSMO

China es la cuna del confucianismo y del taoísmo. Estas dos **filosofías** crearon la cultura china la misma que aún sigue vigente. El confucianismo enseña la importancia de la **responsabilidad** y la bondad; el taoísmo enseña a sus seguidores a llevar una vida sencilla y **virtuosa**.

Si quieres saber más

Se cree que el budismo llegó a China desde India, hacia el 300 a. C. El budismo, el confucianismo y el taoísmo se llaman las "tres enseñanzas", porque son las principales filosofías de la cultura china.

LA INVASIÓN MONGOLA

A principios de 1200 (Siglo XIII), China fue invadida por los **mongoles**. Sin embargo, la cultura china cambió muy poco. Cuando el líder mongol Kublai Khan gobernó, asumió el papel de emperador chino e incluso creó una nueva dinastía llamada Yuan.

Si quieres saber más

Los mongoles establecieron un imperio enorme que conectó civilizaciones de Asia y Oriente Medio. Esto llevó a la difusión de ideas y al comercio de mercancías entre China y los países occidentales.

SEDA, ESPECIAS Y PORCELANA

Hace unos 2,000 años se inició el intercambio de bienes e ideas a lo largo de la Ruta de la Seda. Esta ruta era un camino comercial que transcurría entre China y lo que hoy se conoce como Europa. Los chinos vendían artículos como papel, especias y té. A cambio, compraban lana, oro y cristal.

Si quieres saber más

La seda era valiosa en China. Al principio, solo la vestían el emperador y las clases altas. Con ella demostraban a los demás lo importantes que eran.

Los chinos disponían de artículos muy apreciados en otros países, como especias, tés y azúcar; los occidentales les compraban porcelana y pólvora. A lo largo de la Ruta de la Seda, se compartieron también ideas sobre ciencia, filosofía y religión.

Si quieres saber más

Numerosos objetos actuales de uso común proceden de la antigua China. Los chinos inventaron el papel hacia el 105 d. C. e imprimieron libros ¡siglos antes que los europeos!

Porcelana

UN EJÉRCITO PARA UN MUERTO

Los historiadores todavía están aprendiendo sobre la antigua China. En 1974, se descubrió una sala subterránea con unos 8,000 guerreros de terracota, o arcilla endurecida. Los científicos creen que este ejército fue enterrado con el primer emperador Qin, para reunirse con él después de la muerte.

Si quieres saber más

Todos los guerreros tienen caras, armaduras y armas diferentes. ¡Hay incluso **carros** tirados por caballos de arcilla!

LÍNEA DEL TIEMPO DE LA ANTIGUA CHINA

c. 1600-1046 a. C.
Gobierna la dinastía Shang.

1046-256 a. C.
Gobierna la dinastía Zhou.

c. 550 a. C.
El confucianismo se difunde.

c. 300 a. C.
El budismo pudo llegar a China.

221 a. C.
La dinastía Qin ocupa el poder y unifica China.

206 a. C.-220 d. C.
La dinastía Han gobierna y China vive su edad de oro.

siglo XIII
Los mongoles invaden China y establecen la dinastía Yuan.

GLOSARIO

aislado: separado de los demás.

carro: carruaje de dos ruedas tirado por caballos.

cuna: lugar donde algo comienza.

edad de oro: época de gran felicidad, éxito y logros.

emperador: soberano de un imperio (gran área de tierra controlada por un gobernante).

filosofía: sistema de pensamiento que trata de entender la naturaleza de lo real.

leyenda: historia transmitida durante largo tiempo y cuya veracidad es dudosa.

mongoles: habitantes de una región de Asia central que es actualmente el país de Mongolia y parte del norte de China.

responsabilidad: cualidad de responsable (persona cuidadosa con lo que hace o decide).

unificar: hacer que dos o más cosas se unan y se conviertan en una sola.

utensilio: objeto, herramienta o instrumento fabricado para un determinado fin.

virtuoso: conforme a lo que es correcto y bueno.

PARA MÁS INFORMACIÓN

LIBROS

Herron, Pamela. *Exploring Ancient China*. Mankato, MN: 12-Story Library, 2018.

Randolph, Joanne. *Living and Working in Ancient China*. New York, NY: Enslow Publishing, 2018.

SITIO DE INTERNET

La antigua China

www.dkfindout.com/us/history/ancient-china/

Explora este sitio para saber más sobre los guerreros de terracota, la escritura china y Confucio.

Nota del editor para educadores y padres: nuestro personal especializado ha revisado cuidadosamente estos sitios web para asegurarse de que son apropiados para los estudiantes. Muchos sitios web cambian con frecuencia, por lo que no podemos garantizar que posteriores contenidos que se suban a esas páginas cumplan con nuestros estándares de calidad y valor educativo. Tengan presente que se debe supervisar cuidadosamente a los estudiantes siempre que tengan acceso al Internet.

ÍNDICE